BEI GRIN MACHT SICH IHR WISSEN BEZAHLT

- Wir veröffentlichen Ihre Hausarbeit,
  Bachelor- und Masterarbeit

- Ihr eigenes eBook und Buch -
  weltweit in allen wichtigen Shops

- Verdienen Sie an jedem Verkauf

Jetzt bei www.GRIN.com hochladen und kostenlos publizieren

Coaching, Testverfahren, Interventionserfolg. Coaching-Techniken wie der Work-Ability-Index (WAI) und die Allgemeine Depressionsskala (ADS)

Bibliografische Information der Deutschen Nationalbibliothek:

Die Deutsche Nationalbibliothek verzeichnet diese Publikation in der Deutschen Nationalbibliografie; detaillierte bibliografische Daten sind im Internet über http://dnb.d-nb.de abrufbar.

ISBN: 9783346721174
Dieses Buch ist auch als E-Book erhältlich.

Druck und Bindung: Books on Demand GmbH, Norderstedt Germany
Gedruckt auf säurefreiem Papier aus verantwortungsvollen Quellen

Das vorliegende Werk wurde sorgfältig erarbeitet. Dennoch übernehmen Autoren und Verlag für die Richtigkeit von Angaben, Hinweisen, Links und Ratschlägen sowie eventuelle Druckfehler keine Haftung.

Das Buch bei GRIN: https://www.grin.com/document/1271766

Einsendeaufgabe

Alternative B

Abgegeben am: 01.03.2022 im E-Campus

SRH Fernhochschule

Modul: Coaching

Studiengang: Psychologie (B.Sc.)

Inhaltsverzeichnis

1 B1 5

   1.1 Coaching 5

   1.2 Supervision 7

   1.3 Unterschied/ Abgrenzung 8

2 B2 9

   2.1 Work-Ability-Index 10

      2.1.1 Beispiel 12

      2.1.2 Nutzen und Grenzen 13

   2.2 Allgemeine Depressionsskala 13

      2.2.1 Beispiel 15

      2.2.2 Nutzen und Grenzen 15

3 B3 15

   3.1 Rolle des Therapeuten in der Gesprächspsychotherapie 16

   3.2 Erfolgsfaktoren aus der Sicht von Carl Rogers 18

4 Literaturverzeichnis 19

Abkürzungsverzeichnis

WAI	**Work Ability Index**
ADS	**Allgemeine Depressionsskala**

Abbildungsverzeichnis

Abbildung 1: Spannungsfelder im Coaching (Backhausen, 2017, S. 3) 7

Abbildung 2: Verteilung des WAI nach Alter. Grundlage ist der deutsche WAI Referenzdatensatz (Stand Januar 2007, N=8026 ((Hasselhorn & Freude, 2007, S. 17)12

Tabellenverzeichnis

Tabelle 1: Eingesetzte Coachingtechniken (Stahl und Marlinghaus 2000, S. 203, zitiert nach Backhausen, 2017, S. 168)..10

Tabelle 2: Dimensionen des Work Ability Index (Tuomi, Ilmarinen, Jahkola, Katajarinne, Tulkki, 1998, zitiert nach Hasselhorn & Freude, 2007, S. 14) 11

1   B1

Diese Aufgabe beinhaltet die Themengebiete Coaching und Supervision. Es werden im Folgenden der Begriff und das Verständnis beider Themen herausgearbeitet, um dann beide Begriffe voneinander abzugrenzen, indem unter anderem ein Beispiel vorgebracht wird.

1.1   Coaching

Ursprünglich war Coaching ein Begriff aus dem Spitzensport, welcher eine umfassende fachliche und psychologische Betreuung von Leistungssportlern durch einen Coach beinhaltete. Der Coach, der ein Experte in seiner Disziplin war, hatte zum Ziel, die Höchstleistung seiner Coachees zu erreichen. Unter einem Coachee wir eine Person beschreiben, die die Beratungsleistung eines Coaches in Anspruch nimmt. Heutzutage wird der Begriff meist im Management verwendet und kann allgemein umschrieben werden mit der „professionelle(n) Form individueller Beratung im beruflichen Kontext" (Backhausen, 2017, S. 2). Bei dem Versuch, das Thema Coaching genau zu definieren, fällt die Fülle an Coaching-Definitionen auf (Passmore, Peterson & Freire, 2013, zitiert nach Böning, 2015, 7). Nach zahlreichen Forschungen wurde klar, dass es die eine Definition von Coaching nicht gibt. Der Kontrast zwischen Theorie und Praxis ist zu groß, um eine allgemeingültige Definition zu finden, weshalb sich die Definition in dieser Arbeit an die professionelle und wissenschaftlich fundierte Ausprägung des Coachings orientiert, wie beispielsweise die Definition von Böning, die in Anlehnung an, die von Greif 2008 entwickelt wurde. Hierbei beschreibt er „(Business-)Coaching als ein professionell systematisierter, dialoggesteuerter, ziel- und ergebnisorientierter Selbstreflexions- und Selbstmanagement-Prozess, der zu persönlichem Wachstum und Potenzialentwicklung des Coaching-Partners auf verschiedenen Handlungs- und Erlebnisebenen führen kann: Sie beziehen sich auf Kognitionen, Emotionen und das faktische Verhalten und können sich in der Wirkung auf die eigene Person und/oder die relevante soziale Umwelt auswirken" (Böning, 2015, S. 10). „Professionell systematisiert" bedeutet dabei nicht der subjektiven Intention zu folgen, sondern den anerkannten Vorgehensweisen treu zu bleiben. „Dialoggesteuert" meint den Einbezug der sokratischen Grundhaltung in der Coaching-Situation. „Ziel- und ergebnisorientiert" bedeutet hierbei die Durchführung des gesetzten Zieles. Der „Selbstreflexions- und Selbstmanagement-Prozess" schließt den Coachee aktiv in den Coaching-Prozess mit ein. „Persönliches Wachstum" bindet die ständige Ressourcenaktivierung durch die Stärkung des Selbstwertgefühls mit ein. „Potenzialentwicklung" konzentriert sich auf die verborgenen Stärken, legt diese frei und stärkt sie auch über die anstehende Thematik hinaus und zuletzt schließt „Business-Relevanz" die Fülle der Themen des Coaching-Prozesses mit ein.

Neben dem Gegensatz zwischen Praxis und Wissenschaft, bei dem in der Coaching-Praxis nahezu jedes Mittel möglich ist, was die Wissenschaft mit empirischen Methoden zu verdrängen versucht auch den deutlichen Spannungsbogen zwischen denjenigen, die Coaching als Anwendung von definierten Interventionen verstehen und sich an Tools und Techniken bedienen, wohingegen die andere Seite einer kontrolliert-kreativen Systematik nachgeht, um möglichst situationsspezifisch agieren zu können. Der letzte Gegensatz bezieht sich auf Praktiker, die durch selbstzugeschriebene Kompetenzen fehlerhafte und unfundierte Wege anbieten, die von Laien kaum nachprüfbar sind. Sowohl Theorie als auch Praxis haben ihre Berechtigung und können voneinander lernen (Böning, 2015, S. 11).

Das Verständnis von Coaching bezieht sich heutzutage nicht mehr nur auf den Spitzensport, sondern ist in nahezu allen Lebensbereichen auffindbar. Die heutigen Coaching-Prozesse beziehen meist auf die Wirtschaft, genauer gesagt auf die Personalentwicklung und versprechen ein innovatives Instrument, welches die Bewältigung des Wandlungsprozesses unterstützt. Coaching kann dazu dienen, die Problemlösungs- und Lernfähigkeiten der Arbeitnehmer zu steigern und gleichzeitig die individuelle Veränderungsfähigkeit zu fördern, womit auch das Spannungsfeld zwischen persönlichen Bedürfnissen, den beruflichen Aufgaben und den übergeordneten Unternehmenszielen in Einklang gebracht werden kann, was in Abbildung 1 veranschaulicht dargestellt wurde.

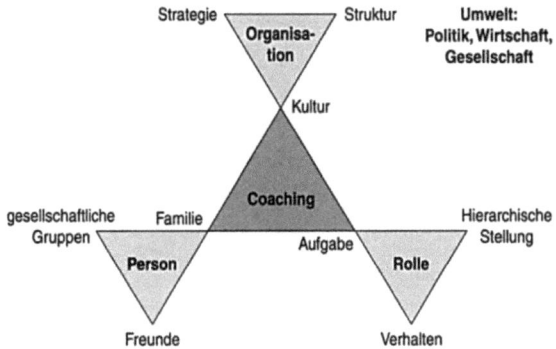

Abbildung 1: Spannungsfelder im Coaching (Backhausen, 2017, S. 3)

1.2 Supervision

Dadurch, dass sich Coaching als gängiges Beratungsformat vor allem bei Personalentwicklungsmaßnahmen etabliert hat, wird die Bedeutsamkeit von Professionalität in diesem Bereich immer deutlicher, wofür die Supervision steht. Sie ist ein Instrument, die für professionelle Weiterentwicklung und Qualitätssicherung steht (Greif, Möller & Scholl, 2018, S. 573). Im Allgemeinen kann Superversion „(...) als die Reflexion der eigenen Berufspraxis in einem interpersonellen Setting" beschrieben werden, was sich in verschiedenen Berufsbereichen etablieren ließ (Carroll, 2006; Grant, 2012, zitiert nach Greif et al., 2018, S. 574). Besonders in medizinischen, sozialen, pädagogischen und therapeutischen Bereichen wird Supervision während und nach der Ausbildung eingesetzt, um das Einhalten professioneller Standards zu gewährleisten (Koortzen & Odendaal, 2016, zitiert nach Greif et al., 2018, S. 574). Der Begriff Supervision leitet sich aus dem Lateinischen ab und bedeutet „Über-Blick" und wurde als Erstes in den USA Ende des 19. Jahrhunderts versuchsweise gestartet (Belardi, 1994, zitiert nach Greif et al., 2018, S. 574), indem ehrenamtliche Mitarbeiter von Wohlfahrtsverbänden bei ihrer Arbeit begleitet, beraten und kontrolliert wurden. In den 1920er-Jahren kamen Kontrollanalyse bzw. Kontrollsupervision als Form von Ausbildungssupervision hinzu. Jedoch wurde erst in den 1940er-Jahren ein Konzept für Hausärzte entwickelt, dass zum heutigen Verständnis von Supervision beiträgt und von

Michael Blaint entwickelt wurde. Neben dem Grundgedanken, die ganzheitliche Medizin weiterzuentwickeln, so dass auch Ärzte Einblicke in die Psychotherapie erhalten konnten. Blaint war es auch, der die ersten Gruppensupervisionen und somit die Möglichkeit zur Beziehungsdiagnostik etablierte. Im deutschsprachigen Raum wurde Supervision als eigenständiges Beratungsformat weiterentwickelt, dass es sich zu Aufgabe gemacht hat, die Perspektiven Individuum, Team und organisationale Rahmenbedingungen gleichzeitig anzuschauen, um so einzelne Gruppen und Teams zur sozialen Selbstreflexion zu befähigen und beim professionellen Handeln Hilfestellung zu leisten (Rappe-Giesecke, 2003, zitiert nach Greif et al., 2018, S. 574–575). Das Verständnis von Supervision kann nach wie vor in der Aufsicht Kontrolle und Überwachung gesehen werden. Wichtig dabei ist, dass die beratende Person speziell für diese Tätigkeit ausgebildet ist und deren Ziel es ist, spezifische Handlungskompetenzen und Bewältigungsweisen für das jeweilige Berufsfeld zu etablieren, um eine höhere Professionalisierung zu generieren. Im Zuge dessen werden auch Ursachen und Folgen von Konflikten bzw. Fehlern, die die Arbeit und den Erfolg behindern könnten, beseitigt, um sowohl die Effizienz als auch die Arbeitszufriedenheit zu steigern (Fröhlich, 2017, S. 467).

1.3 Unterschied/ Abgrenzung

Häufig werden Coaching und Supervision als Synonym verwendet. Was im Englischen als „coaching supervision" betitelt wird, fällt im deutschen Sprachgebrauch in eine Unterkategorie von Supervision, der Ausbildungs- oder Lehrsuperversion, die dazu dient, eine Reflexion über erste eigene Coachingprozesse zu erlangen. Zusätzlich können auch im berufsbegleitenden Kontext sog. Kontrollsupervisionen stattfinden, die bei bestehenden Coaching-Situationen zur Reflexion hinzugezogen werden können (Greif et al., 2018, S. 575). Unter Supervision wird hier eine Reflexion des eigenen Coachingprozesses in einem klar kontaktiertem Einzel- oder Mehrpersonen-Setting verstanden. Bei Einzelsupervisionen beispielsweise wird der Supervisor von einem Coach ausgesucht, um ihm bei Coachingprozessen oder thematisiert anlassbezogenen Fällen, in der der Coach selbst Hilfestellung benötigt zu unterstützen (Greif et al., 2018, S. 576). Im Folgenden wird ein Beispiel zum besseren Verständnis einer solchen

Situation angebracht. Ein Coach hat einen Beratungstermin mit seinem neuen Klienten. Der Klient ist um die 40 männlich und hat als Führungskraft die Leitung über ca. 50 Mitarbeiter. Er benötige ein Coaching, da ihm Konfliktgespräche, die seine Führungsrolle betreffen, schwerfallen würden. Insbesondere habe er mit einer Leistungskontrolle, die vor wenigen Wochen eingestellt wurde, Probleme. Der Coach wendet sich an einen Supervisor, da der Klient ihn sehr verärgert hat, indem er vor dem ersten Gesprächstermin eine halbe Stunde zu früh kam, während der Coach eine viertel Stunde vor dem eigentlichen Termin eintraf, um sich in Ruhe auf das Gespräch vorbereiten zu können. Zusätzlich breitete sich der Klient im Warte- und Küchenbereich aus und organisierte sich einen Kaffee. Der Coach hat sich überrumpelt gefühlt und ärgert sich über den Coachingstart (Greif et al., 2018, S. 574). Dieses Beispiel hat im Rahmen einer Einzelsupervision stattgefunden. In einer Gruppensupervision treffen sich dagegen einige Coaches in regelmäßigen Abständen, um mit einem externen Supervisor ihre Beratungspraxis zu begutachten. In diesem Setting haben die Supervisanden keine berufliche Beziehung zueinander und treffen sich freiwillig in einer Gruppe. Diese Gruppen sind darauf ausgelegt, die Beziehungen der Coaches zu ihren Kunden und zu ihrem Kundensystem zu reflektieren, um so eine professionelle Identität entwickeln zu können und die Kontrolle ihrer Arbeit gewährleisten zu können (Freitag-Becker et al., 2017, zitiert nach Greif et al., 2018, S. 576).

2 B2

Die unterschiedlichen Techniken eines Coachings können unter anderem Fragen, Gesprächstechniken, Feedback geben und Testverfahren darstellen (siehe Tabelle 1). In dem nachfolgenden Kapitel werden die Coaching-Techniken Testverfahren behandelt, wobei sich hier auf den Work-Ability-Index (WAI) und auf die Allgemeine Depressionsskala (ADS) konzentriert wird, was sich durch das Vorstellen der beiden Testverfahren äußert sowie je eine Beispielsituation umfasst und die Grenzen der Verfahren aufzeigt.

Coaching-Techniken	Nennung
Systemische Therapie bzw. Kommunikationstherapie	38%
Neurolinguistisches Programmieren (NLP)	36%
Gestalttherapie	29%
Transaktionsanalyse	24%
Psychoanalyse	20%
Verhaltenstherapie bzw. -modifikation	16%
Verfahren der Partner- und Familientherapie	9%
Zeit- und Selbstmanagementtechniken	9%
Psychologische Testverfahren und andere diagnostische Verfahren	9%
Gesprächstherapie	7%
Supervisionstechniken	7%
Sonstiges (Hypnose, Logotherapie, Bioenergetik, Psychodrama etc.)	56%
Anmerkung: Mehrfachnennungen	

Tabelle 1: Eingesetzte Coachingtechniken (Stahl und Marlinghaus 2000, S. 203, zitiert nach Backhausen, 2017, S. 168)

2.1 Work-Ability-Index

Der Work Ability Index wurde zu dem Zweck entwickelt, die tätigkeitsspezifische Altersgrenze für den Renteneintritt in Finnland zu bestimmen (ILMARINEN, 2002, zitiert nach Hasselhorn & Freude, 2007, S. 15). Um diesem Zweck gerecht zu werden, musste das Problem gelöst werden „(…)wie Arbeits- und Beschäftigungsfähigkeit im Allgemeinen und in Hinsicht auf die jeweilig ausgeübten Tätigkeiten im Besonderen zu bestimmen ist" (Hasselhorn & Freude, 2007, S. 15). Hierfür wurden umfangreiche arbeitsphysiologische sowie epidemiologische Untersuchungen durchgeführt. In Deutschland wird der WAI seit ca. 15 Jahren in der „(…) betriebsärztlichen Betreuung, betriebsepidemiologischer Erhebungen und verschiedener Forschungsprojekte eingesetzt" (Hasselhorn & Freude, 2007, S. 16). Überwiegend wird er im betriebsärztlichen Alltag in Form eines Interviews eingesetzt und für die betriebliche

Gesundheitsförderung verwendet (Hasselhorn & Freude, 2007, S. 16). Die deutsche Übersetzung erfolgte durch R. Karazman und Mitarbeiter der IBG Österreich GmbH, der den WAI 1995 als „Arbeitsbewältigungsindex" benannte (zitiert nach Hasselhorn & Freude, 2007, S. 16).

Der Work Ability Index (WAI) wird zur Bewertung der Arbeitsfähigkeit herangezogen, was mithilfe eines Fragebogens realisiert wird. Durch ihn wird aufgezeigt, inwieweit der Arbeitnehmer dazu in der Lage ist, seine Arbeit zu verrichten. Hierbei werden die persönlichen Voraussetzungen sowie die vorliegenden Arbeitsbedingungen berücksichtigt. Der WAI ist so aufgebaut, dass zehn Fragen die physischen und psychischen Arbeitsanforderungen sowie den Gesundheitszustand und die Leistungsreserven des Befragten ermitteln. Hierzu werden die Fragen in sieben „WAI Dimensionen" zugeordnet, welche in Tabelle 2 dargestellt werden.

Dimensionen des Work Ability Index (WAI)		Punkte
1	derzeitige Arbeitsfähigkeit im Vergleich mit der besten jemals erreichten Arbeitsfähigkeit	0-10
2	derzeitige Arbeitsfähigkeit in Bezug auf die körperlichen und psychischen Anforderungen der Arbeit	2-10
3	aktuelle Zahl ärztlich diagnostizierter Krankheiten	1-7
4	Ausmaß von Arbeitseinschränkungen aufgrund von Erkrankung/Verletzung	1-6
5	krankheitsbedingte Ausfalltage während der letzten 12 Monate	1-5
6	eigene Einschätzung der Arbeitsfähigkeit in den kommenden 2 Jahren	1,4,7
7	mentale Ressourcen und Befindlichkeiten	1-4
Gesamt	mögliche WAI-Werte von 7 bis 49 Punkten	

Tabelle 2: Dimensionen des Work Ability Index (Tuomi, Ilmarinen, Jahkola, Katajarinne, Tulkki, 1998, zitiert nach Hasselhorn & Freude, 2007, S. 14)

Für jede Dimension werden verschiedene Punkte vergeben, was auf ein Gesamtergebnis zwischen 7 und 49 Punkten schließen lässt. Der daraus resultierende „WAI-Wert" zeigt die Selbsteinschätzung an, mit den eigenen Fähigkeiten die bestehenden Arbeitsanforderungen zu bewältigen (Hasselhorn & Freude, 2007, S. 14). Ein hoher WAI-Wert spricht für den Einklang der individuellen Voraussetzungen des Arbeitnehmers mit den Arbeitsanforderungen des Arbeitgebers. Durch einen niedrigen Wert wird das Missverhältnis zwischen den beiden Parteien ausgedrückt und weist auf ein erhöhtes Risiko für einen frühzeitigen Ausstieg aus dem Erwerbsleben hin. Durch den Vergleich mit den WAI-Werten der eigenen Altersgruppe in der Bevölkerung lässt sich die Abweichung von der Norm erkennen (siehe hierzu Abbildung 2). Demnach gilt, je niedriger der WAI-Wert, desto dringender müssen Maßnahmen zur Wiederherstellung der Arbeitsfähigkeit umgesetzt werden, um die Arbeitsfähigkeit der Beschäftigten und somit des Unternehmens aufrecht zu erhalten (Hasselhorn & Freude, 2007, S. 16–17).

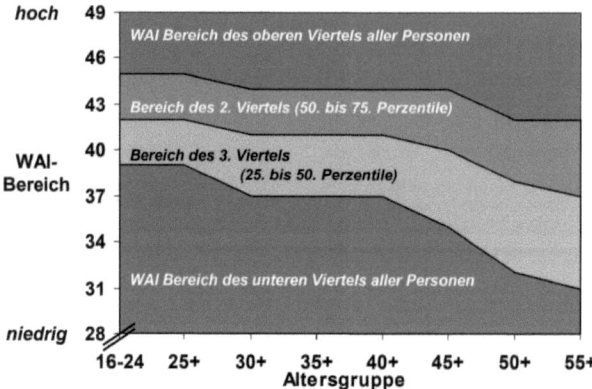

Abbildung 2: Verteilung des WAI nach Alter. Grundlage ist der deutsche WAI Referenzdatensatz (Stand Januar 2007, N=8026 ((Hasselhorn & Freude, 2007, S. 17)

Die Validität des WAI wurde in den 1980er bis 90er-Jahren durch zahlreiche finnische multidisziplinären klinischen und umfassenden Längsschnittstudien validiert worden (Ilmarinen & Tuomi, 2004, zitiert nach Hasselhorn & Freude, 2007, S. 14). Hierbei zeigte sich auch, dass durch den WAI Vorhersagen bezüglich des vorzeitigen Berufsausstiegs getroffen werden können. Es wurde zusätzlich herausgefunden, dass in finnischen Längsschnittstudien auch die Mortalität und Lebensqualität durch den WAI vorherbestimmt werden können (Ilmarinen & Tuomi, 2004, zitiert nach Hasselhorn & Freude, 2007, S. 15).

2.1.1 Beispiel

In einem mittelständischen deutschen Unternehmen namens WKA wurde vor einem Jahr die gesamte Belegschaft vom Betriebsarzt interviewt, um den WAI-Wert zu ermitteln. Nach der Auswertung wurde klar, dass schnelle Maßnahmen nötig sind, um die Arbeitsfähigkeit der Beschäftigten aufrechtzuerhalten und somit frühzeitige Kündigungen oder Berentungen zu vermeiden. Hierzu wurde ein Coach engagiert, der nun nach einem Jahr die gesamte Belegschaft interviewt, um erneut den WAI-Wert zu ermitteln, um die Wirksamkeit der Präventionsanstrengungen festzustellen.

2.1.2 Nutzen und Grenzen

Der Einsatz des WAI wird durch die vielfältigen Aussagen des Tests gerechtfertigt. Der WAI kann beispielsweise zur Präventionsarbeit zum Thema „Arbeit & Alter" eingesetzt werden, als Frühindikator drohender Frühverrentung, als Checkliste für betriebsärztliche Gespräche, zur Skalierung von Beschwerden, als Auslöser für Denkprozesse, der berufliche Zukunft des Arbeitnehmers, als Messinstrument für Erfolg von Präventionsmaßnahmen, als Instrument zur Identifizierung von Risikobereichen und - gruppen und vieles mehr (Hasselhorn & Freude, 2007, S. 21–23). Jedoch erfolgt das Ausfüllen des WAI-Fragebogens oder das Interview mit dem WAI-Fragebogen immer freiwillig (Hasselhorn & Freude, 2007, S. 21), was zur Folge haben kann, dass einige Arbeitnehmer oder sogar ganze Abteilungen dies verweigern. Tritt dieser Fall ein, können keine gültigen Aussagen oder vorhersagen getroffen werden, ob die Arbeitnehmer ihre Fähigkeiten so hoch einschätzen, um den betrieblichen Anforderungen gerecht zu werden oder ob Angestellte früher aus dem Erwerbsleben austreten werden.

2.2 Allgemeine Depressionsskala

Die Allgemeine Depressionsskala (ADS) ist die deutsche Fassung des Centre for Epidemiologic Studies Depression Scale (CES-D) und wurde von Radloff 1977 verfasst (Radloff, 1977, S. 385–401). Der Anwendungsbereich liegt in der Quantifizierung depressiver Symptome bzw. wird als Screening depressiver Störungen verwendet. Die deutsche Fassung ist ab 12 Jahren anwendbar und wurde von Hautzinger, Bailer, Hofmeister und Keller 2012 übersetzt (zitiert nach Böhler, 2019, S. 1). Bei dieser Skala handelt es sich um 20 Items, wovon 4 inverse sind, was als Kriterium für die Validität der Antworten gilt. Die gesamte Bearbeitungszeit beträgt dabei nicht mehr als 5 Minuten. Für die selbstbeschreibenden Aussagen wurde die Ich-Form verwendet und steht in Bezug auf die vergangene Woche. Die Antwortskala wird von 0 – selten oder überhaupt nicht (weniger als 1 Tag) bis 3 – meistens, die ganze Zeit (5 bis 7 Tage lang) aufgeführt. Der Einsatzbereich liegt von der Wissenschaft bis zur klinischen Praxis. Die ADS erfragt die Häufigkeit typischer Depressionssymptome, während der vergangenen Woche. Dadurch, dass „bedrohliche Fragen" z.b. nach Suizidalität nicht vorkommen, wird der Fragebogen gut angenommen. Die Auswertung wird mit Paper/Pencil-Methode durchgeführt, der Summenwert kann durch Cut-Off-Werte bewertet werden und die ADS weist sehr gute Messeigenschaften auf. Das Ziel, weswegen das englische Original CES-D entwickelt wurde, war die Erfassung depressiver Symptome durch epidemiologische Studien. Deshalb werden in dieser Skala typische affektive, kognitive, somatische und soziale Depressionssymptome zusammengestellt, wobei diese nicht unmittelbar mit den Kriterien des DSM und des ICD korrespondieren, was die Diagnosestellung nicht ermöglicht. Die 20 Items des CES-D wurden anhand anderer klinischer Depressionsmaße und typischer depressiver Symptome ausgesucht. Die englische Ordinalskala hat eine vier Faktoren Struktur zugrunde gelegt, die jedoch in der deutschen direkten Übersetzung nicht aufrechterhalten werden konnte. Die Auswertung erfolgt anhand der Summierung der Itemwerte (vorherige Invertierung der vier inversen Items), welche einen Wert von 0 – 60 ergibt, wobei gilt, je höher der wert, desto stärkere Depressivität. Dabei hat sich ein Cut-Off-Wert ≥ 22 für depressive Störungen bewährt. Sollte ein hoher Gesamtwert auf die vier inversen zurückzuführen sein, kann das auf eine unkonzentrierte Bearbeitung des Fragebogens schließen lassen, was die Gültigkeit der Antworten infrage stellt. Die Gütekriterien wurden bei diesem Fragebogen insofern berücksichtigt, dass die Objektivität anhand der objektiven Item- und Skalenbewertung erfolgt. Die Reliabilität wurde anhand verschiedener Messwerte begutachtet wie die interne Reliabilität von 0.85 – 0.92, die Split-Half-Reliabilität von 0.77 – 0.92, die Test-Retest-Reliabilität bei 2 bis 8 Wochen von 0.51 – 0.67 und die Reliabilität nach dem Rasch-Modell von 0.87. Die hohe konvergente Validität dagegen wird durch die Korrelationen mit parallelen Depressionstest festgestellt. Bei der positiven Diskriminanten Validität werden einige Items nicht depressionsspezifisch eingestuft und somit wird die Diskriminante Validität reduziert. Durch faktorielle Analysen kann darauf geschlossen werden, dass durch die Primärfaktoren ein Generalfaktor depressiver Stimmung aufgedeckt werden kann und somit erschließt sich eine gute Konstruktvalidität. Abschießend kann der ADS als gut etablierter Fragebogentest für depressive Symptome eingestuft werden, der zusätzlich sehr gute Testeigenschaften aufweist (Hautzinger, Bailer, Hofmeister & Keller, 2012, zitiert nach Böhler, 2019, S. 1–5).

2.2.1 Beispiel

Bei einem Coaching fallen dem Coach im Vergleich zu den letzten Sitzungen eine veränderte Stimmungslage bei dem Klienten auf, denn er wirkt niedergeschlagen, ängstlich, hoffnungslos und berichtet von Schlaf- und Appetitstörungen. Um die persönliche Einschätzung des Coaches abzuklären, wird die allgemeine Depressionsskala (ADS) eingesetzt. Da die ADS auf die vergangene Woche ausgerichtet ist, kann der Verlauf der veränderten Stimmungslage gemessen werden. Der Coach legt dem Klienten die ADS vor und dieser bearbeitet die 20 Items innerhalb kurzer Zeit. Die Auswertung des Tests zeigt einen Gesamtwert von über 40 an, was für eine mögliche Depression sprechen kann. Um diesem Eindruck nachzugehen, bietet sich eine Überprüfung und eine mögliche Diagnosestellung an, die durch einen Psychotherapeuten durchgeführt wird.

2.2.2 Nutzen und Grenzen

Der Nutzen des ADS in Coachingsituationen zeichnet sich klar durch die kurze Bearbeitungsdauer und die hohe Akzeptanz der Coachees aus. Zusätzlich ist es eine schnelle und einfache Überprüfung der eigenen Einschätzung. Jedoch ist durch die ADS keine Diagnosestellung möglich, da der Referenzzeitraum zu kurz ist (Böhler, 2019, S. 2).

3   B3

Im Coaching gibt es eine Fülle an Methoden und Tools, die je nach „Methodenschule" bzw. Coaching-Ausbildung unterschiedlich ausfallen (Lanz, 2014, S. 74). Doch neben all dem gehört vor allem eines zum Coaching, und zwar die Kommunikation zwischen Klienten/ Patient und Coach. Ganz gleich, welche Techniken verwendet werden, die Kommunikation muss stimmig sein. Missverständnisse und Konflikte können zu Spannungen und Streit führen, welche in Coaching-Situationen keinen Platz haben, weshalb die Kommunikation bei jeder Coaching-Technik im Vordergrund stehen muss (Lanz, 2014, S. 76). Schon Sigmund Freud erkannte 1913 die wesentliche Rolle der sozialen Interaktion in der Psychotherapie und bezeichnet die therapeutische Allianz, die ihren Ursprung in der Psychoanalyse finden lässt, als wesentlich für den Therapieprozess. Neben Freud hat ein Artikel von Sterba 1934 auch einen wesentlichen Meilenstein gelegt. Rogers hingegen verweist auf andere Annahmen für eine erfolgreiche Therapie als die Psychoanalyse, bestreitet aber nicht den wichtigen Stellenwert der therapeutischen Beziehung, welches im Folgenden weiter vertieft wird (Hentschel, 2005, S. 1–2). In dieser Aufgabe wird das Vertrauensverhältnis zwischen Therapeuten und Patient behandelt, indem die Rolle des Therapeuten in der Gesprächspsychotherapie beleuchtet wird und die Erfolgsfaktoren aus der Sicht von Carl Rogers miteinbezogen werden.

3.1 Rolle des Therapeuten in der Gesprächspsychotherapie

Auch Rogers durchlief in seinem Leben Veränderungsprozesse, was sich auch auf seine Arbeiten auswirkte. In der ersten Phase (1942) der nicht direktiven Phase spricht sich Rogers gegen Ratschläge, Ermahnungen, Erklärungen und Interpretationen während der Therapie aus, da er davon ausgeht nicht das Problem des Klienten in den Mittelpunkt zu stellen, sondern dessen Person selbst, die prinzipiell die Fähigkeit besitzt, mithilfe eines Beziehungsangebotes ein besseres Verständnis des Selbst zu erlangen, um so Einstellungs- und Verhaltensänderungen selbst vornehmen zu können (zitiert nach Weinberger, 2013, S. 22–23). In der zweiten Phase stellte er Hypothesen auf, welche Bedingungen erfüllt werden müssen, um eine erfolgreiche Einstellungs- und Verhaltensänderung zu ermöglichen. Diese Phase wurde klientenzentrierte Phase genannt und sollte die Wichtigkeit des Klienten und dessen Potenzial herausstellen (Rogers, 1959, zitiert nach Weinberger, 2013, S. 23). In der letzten Phase (1977) ging es Rogers darum, nicht nur dem Klienten einen Weg aufzuzeigen, zu wachsen, indem Veränderungsprozesse angestoßen werden, sondern auch Kindern, Jugendlichen oder

Erwachsenen ein Beziehungsangebot aufzuzeigen, mit dem er sie in verschiedenen Lebensbereichen unterstützen kann, um das innewohnende Wachstumspotenzial zum Ausdruck zu bringen (zitiert nach Weinberger, 2013, S. 23). Die aus Rogers arbeiten resultierende Gesprächstherapie beruht auf der Annahme, dass seelische Störungen in erster Linie dadurch entstehen, dass bestimmte Gefühle nicht gefühlt werden dürfen und bestimmte Erfahrungen, bei denen bestimmte Gefühle hervorgerufen werden, nicht bzw. nicht vollständig gemacht werden dürfen. Dies entsteht, indem die betroffenen Personalen diese Gefühle und Erfahrungen als nicht zu sich selbst passend empfinden und dadurch nicht in das Bewusstsein gelangen, weshalb diese Abwehrreaktion als kein bewusster Prozess eingestuft wird. Dieser Vorgang wird durch die Annahme begründet, der Mensch käme nicht mit einem Bewusstsein von seinem selbst zur Welt, sondern muss dieses erst durch die Interaktion mit anderen Menschen (vorwiegend Bezugspersonen) entwickeln. Die Entwicklung des selbst wird von dem Bedürfnis nach positiver Aufmerksamkeit gelenkt, sodass nur solche Erfahrungen und die daran gebundenen Gefühle in das Selbstkonzept integriert werden können, wenn die Bezugsperson diese als Erfahrung und Gefühle des Kindes erkennen und emotional positiv darauf reagieren. Geschieht dies nicht, können Gefühle wie z.B. Wut kein Bestandteil des Selbst werden. Wie stabil ein Selbstbild ist, wirkt sich auf die Stärke und Art seelischer Erkrankungen aus, z.B. kommt es zu einer Psychose aufgrund verschiedener Faktoren wozu emotionale Erfahrungen gehören die nicht im Selbst integriert, zudem aber auch nicht abgewendet werden können. Das Ziel des therapeutischen Prozesses ist es, die emotionalen Erfahrungen, die bisher nicht bzw. unvollständig zugelassen worden sind, in das Selbstbild zu integrieren, d.h. sie zu sich selbst gehörend anerkennen (Eckert, S. 2–3). Um dieses Ziel zu erreichen ist eine bestimmte Beziehung zwischen Therapeuten und Patient notwendig. „Der Gesprächstherapeut „behandelt" also durch Empathie, das ist ein Verstehen des anderen im Zustand der Kongruenz, begleitet von unbedingter Wertschätzung für das Verstandene" (Eckert, S. 4).

Die therapeutische Beziehung wurde in der klientenzentrierten Psychotherapie aufgegriffen und bei deren Entwicklung wurde klar, dass der therapeutische Erfolg nicht mit dem technischen Wissen und Können des Therapeuten einhergeht, sondern ist von dessen Einstellungen abhängig. Der Therapeut hat zur Aufgabe, dem Patienten diese Einstellungen wirksam zu vermitteln, sodass sie von ihm wahrgenommen werden. Diese Erkenntnis ist für den Therapieverlauf und die konstruktive Veränderung im Selbst des Patienten von größter Bedeutung (Rogers, 1990, S. 22).

3.2 Erfolgsfaktoren aus der Sicht von Carl Rogers

Der Erfolg der Therapie hängt laut Rogers von drei Faktoren ab, „1. die Echtheit oder Kongruenz des Therapeuten; 2. das vollständige und bedingungsfreie Akzeptieren des Klienten seitens des Therapeuten und 3. ein sensibles und präzises einfühlendes Verstehen des Klienten seitens des Therapeuten" (Rogers, 1990, S. 31). Der erfolgversprechendste Faktor besteht in der Echtheit oder Kongruenz. Dies bedeutet, dass der Therapeut sich seinem Erleben und empfinden bewusst ist und diese dem Klienten mitteilt, wenn es ihm angemessen erscheint. Die Schwierigkeit bei diesen Anforderungen besteht darin, dass der Therapeut sich selbst ist und sich nicht verleugnet, woraus resultiert, dass er seine (negativen und positiven) Einstellungen äußert. Hierbei muss genauestens darauf geachtet werden, dass der Therapeut zwar seine Empfindungen mitteilt, aber keinesfalls (vermeintliche) Tatsachen äußert oder über den Klienten urteilt. Durch die Echtheit des Therapeuten wird auch der Klient dazu ermutigt, kongruent zu sein, was „(...)eine echte personale Beziehung zwischen zwei unvollkommenen Menschen" mit sich bringt (Rogers, 1990, S. 32). Der zweite Punkt, die Wertschätzung oder bedeutungsfreies Akzeptieren bedeutet die Zuwendung des Therapeuten und zwar frei „(...)von Beurteilungen und Bewertungen der Gedanken, Gefühle und Verhaltensweisen des Klienten(...)" (Rogers, 1990, S. 27). Auf Urteile zu verzichten kann jedoch sehr schwerfallen, da der Therapeut Äußerungen jeglicher Art akzeptiert. Hierbei liegt die Schwierigkeit oft in dem Akzeptieren von positiven Gefühlen, da Therapeuten diese oft als Abwehrmechanismen deuten würden. Diese extreme Haltung hat jedoch gezeigt, dass der Klient vertrauen fasst, sich selbst weiter zu erkunden, um dann ggf. unrichtige Äußerungen im Nachhinein zu korrigieren (Rogers, 1990, S. 28). Der letzte Faktor ist wohl der am leichtesten zu realisierender und zwar präzises einfühlendes Verstehen, kurz Empathie. Eine besondere und wichtige Fähigkeit des Therapeuten besteht darin, „(...)die Erlebnisse und Gefühle des Klienten und deren persönliche Bedeutung präzise und sensibel zu erfassen" (Rogers, 1990, S. 23). Um in die private Welt des Klienten eintauchen zu können, ist es notwendig, dass der Therapeut mehr als nur den Wortsinn der Mitteilungen seines Gegenübers aufnimmt. Im besten Fall kann der Therapeut so Bemerkungen einfließen lassen, um dem Klienten zu verstehen zu geben, dass er dessen Äußerungen versteht, umso den Erzähler zu ermutigen sein aktuelles Erleben präzise preiszugeben und dies in sein Bewusstsein eindringen zu lassen. Dieses Verständnis und die Akzeptanz fördern das Vertrauen des Klienten zu sich selbst, was vor allem bei Psychotikern einen großen Erfolg mit sich bringt (Rogers, 1990, S. 23–24). Kann sich der Therapeut so in sein Gegenüber einfühlen, dass er ihm hilft (…) in der Erkundung der unbekannten Aspekte seines Wesens ein Stück weiterzukommen", ist dies ein großer Schritt im Therapieprozess (Rogers, 1990, S. 25). Der Erfolg besteht also darin, die drei Begegnungsaspekte so einzusetzen, dass im Klienten ein Veränderungsprozess stattfindet, der es ihm ermöglicht, Gefühle wahrzunehmen, anzunehmen und diese in seinem Selbst einsortieren zu können, um so emotionale Kompetenzen zu entwickeln, was die Selbstheilungs- und Selbstaktualisierungskräfte freigibt und Ressourcen wie Autonomie, Selbstachtung und Selbstakzeptanz ermöglicht. Durch die Aktivierung dieser Ressourcen können psychische und psychotische Störungen gelindert und geheilt werden. Das oberste Ziel besteht demnach darin, mit den drei Faktoren Kongruenz bzw. Echtheit, bedingungsloser positiver Zuwendung bzw. Akzeptanz und empathischen Verhalten dem Klienten ein akzeptiertes Erleben unterschiedlicher persönlicher Gefühle zu ermöglichen (Rogers, 1976, S. 79, zitiert nach Mahr, 2018, S. 91).

4 Literaturverzeichnis

Backhausen, W. (2017). *Coaching. Durch systemisches Denken zu innovativer Personalentwicklung* (SpringerLink Bücher, 4. Aufl. 2017). Wiesbaden: Springer Gabler. https://doi.org/10.1007/978-3-8349-3843-5

Böhler, M. (2019). *Allgemeine Depressionsskala (ADS)* (DOCPLAYER, Hrsg.). Zugriff am 16.12.2021. Verfügbar unter: https://webcache.googleusercontent.com/search?q=cache:GW-WTvCWaYYJ:https://docplayer.org/127828850-Allgemeine-depressionsskala-ads.html+&cd=3&hl=de&ct=clnk&gl=de

Böning, U. (2015). *Coaching jenseits von Tools und Techniken. Philosophie und Psychologie des Coaching aus systemischer Sicht* (1. Aufl. 2015). Berlin, Heidelberg: Springer Berlin Heidelberg. Verfügbar unter: http://nbn-resolving.org/urn:nbn:de:bsz:31-epflicht-1505063

Eckert, J. *Was ist Gesprächspsychotherapie? Eine Einführung für interessierte Laien und ratsuchende Patienten*, DPGG. Zugriff am 17.12.2021. Verfügbar unter: http://www.dpgg.de/Eckert%20GPT.pdf

Fröhlich, W. D. (2017). *Wörterbuch Psychologie* (dtv, Bd. 34625, 5. unveränderte Nachauflage, (31. Auflage seit 1968)). München: dtv.

Greif, S., Möller, H. & Scholl, W. (Hrsg.). (2018). *Handbuch Schlüsselkonzepte im Coaching* (Springer Reference Psychologie, 1. Aufl. 2018). Berlin, Heidelberg: Springer Berlin Heidelberg. Verfügbar unter: http://nbn-resolving.org/urn:nbn:de:bsz:31-epflicht-1590238

Hasselhorn, H.-M. & Freude, G. (2007). *Der Work-Ability-Index. Ein Leitfaden* (Schriftenreihe der Bundesanstalt für Arbeitsschutz und Arbeitsmedizin Sonderschrift, S 87). Bremerhaven: Wirtschaftsverl. NW Verl. für neue Wiss.

Hautzinger, M., Bailer, M., Hofmeister, D. & Keller, F. (2012). *Allgemeine Depressionsskala (ADS)* (2. überarbeitete und neu normierte Auflage). Hogrefe. Zugriff am 16.12.2021.

Hentschel, U. (2005). Die Therapeutische Allianz. *Psychotherapeut, 50*(5), 305–317. https://doi.org/10.1007/s00278-005-0440-3

Lanz, C. (Hrsg.). (2014). *Coaching*. Titel-Nr. 0900-02. Riedlingen. Zugriff am 16.12.2021.

Mahr, C. (2018). *Praxishandbuch Integrative Psychotherapie. Ein Methodenorientiertes und Wegweisendes Grundlagenwerk*. Wiesbaden: Springer. Verfügbar unter: https://ebookcentral.proquest.com/lib/kxp/detail.action?docID=5378095

Radloff, L. S. (1977). *The CES-D scale. a self-report depression scale for research in the general population*. Zugriff am 16.12.2021.

Rogers, C. R. (1990). *Therapeut und Klient. Grundlagen der Gesprächspsychotherapie* (Fischer-Taschenbücher, Bd. 42250, 24. Auflage). Frankfurt am Main: Fischer-Taschenbuch.

Weinberger, S. (2013). *Klientenzentrierte Gesprächsführung. Lern- und Praxisanleitung für psychosoziale Berufe* (14. Aufl.). Weinheim: Juventa-Verl.